Darien

DARIÉN

King Bean

Atlanta, GA

Darien
Derechos de autor 2025

Todos los derechos reservados.

Esta publicación no puede ser reproducida, alterada en su totalidad o en parte, almacenada en un sistema electrónico, o transmitida en cualquier forma o por cualquier medio, electrónico, mecánico, fotográfico, de grabación, o de otra manera, sin el permiso previo del autor.

ISBN: 978-1-941716-39-7 (impreso)
ISBN: 978-1-941716-40-3 (ebook)

Impreso en los U.S.

Contents

Prólogo, vii

Tristeza hecha canción 10

Besos 11

La magia de la vida 12

Sueño grandioso 14

En la noche de San Juan 17

Pelusa 19

Soy gringo 20

Hoy conocí el amor 22

Luis o Luisa 24

Colorín colorado 25

Suspiros eternos 26

Esa tan famosa: Caja China 28

Quien te convirtió en rata 30

La Alanjeña Amalia 31

Tiempos de soledad 32

Darien 33

Sobre la autora 35

Prólogo

Lo que para algunos significa la más grande aventura, y lo que para otros representa navegar en las aguas más oscuras y pestilentes de la codicia humana, para muchos panameños es la joya más preciada de nuestro territorio: el Darién. Naturaleza pura, generosa y proveedora; el pulmón más potente del istmo panameño.

Darien es un compendio de poemas nacido del libre pensamiento de una panameña enamorada de sus raíces, que ofrece al lector de habla hispana un noble regalo de amistad y conexión con los demás países de Latinoamérica. Al fin y al cabo, a todos nos une la lengua de Cervantes, a pesar de nuestras diferencias físicas y culturales.

A continuación se presenta una breve sinopsis de algunos de los poemas:

Quien te convirtió en rata:
Un grito existencial que sobrepasa creencias y valores.

En la noche de San Juan:
Pone de manifiesto la desesperanza de la mujer latina, muchas veces sujeta a un machismo absoluto y desleal.

Suspiros eternos:
Un fuerte grito a lo que no pudo ser.

Luis o Luisa:
El irónico encuentro entre la razón y la emoción que confluyen en un ser humano distinto.

Amemos todos a la poesía, porque es el punto de apoyo más colorido y mágico del inconsciente.

Tristeza hecha canción

~~~~~~~~

El caballero llora.
¿Por qué tan solitario?
Su cabello canoso cubre sus ojos claros.

Y la llamaba a gritos.
¿Dónde se habrá metido?
Mujer, ten compasión de tu pobre marido.

Se cansó de gritar
porque la ausencia de Silvia taladraba
hasta lo más profundo de su alma.
Ya no estaba, fue olvidándolo todo.

Y un fatídico día, se fue sin regresar.
Él lloraba en silencio su ausencia.
Se comió hasta las uñas y rezaba:

¡Llévame, Dios! Imploró de rodillas.
Tú que todo lo puedes, Dios querido,
arrebátame el alma y llévame con Silvia, te lo pido.

Besos

El almíbar de tus labios
es mi más dulce alimento:
extremo, apasionado y adictivo,
que obstruye la razón
e invita al más lujurioso deseo.

Tus besos son la razón de mis desvelos,
la antesala del éxito,
el proyecto de vida más deseado,
más venerado,
más eterno.

Vamos…
aquí conmigo negra bella,
contemos uno a uno nuestros besos.

La magia de la vida
~~~~~~~~~~

En las olas doradas
de un mar bravío y oscuro,
se va oyendo el pieiro de una gaita;
se siente la pasión en su tonada,
y no hay mas esplendor en la bahía
que el susurro de dos enamorados
caminando en direccion a la explanada.

Pausadamente me acerqué a la orilla,
descalce mis sandalias,
y comencé el trayecto
al centro del océano.

Quería nadar
Quería sentir el agua
deslizarse por mis mejillas,
hasta el centro de mi alma,
en donde no llegan tus besos
solo la suavidad de seda
que me regala el agua.

Quería que el agua
me acariciara todo...
y así paso.

Gracias, vida.
Gracias, mar.
Gracias, Dios.
Gracias, magia.

Sueño grandioso

Tuve un sueño grandioso,
extraordinario.
Soñé que mil estrellas
afloraban en el horizonte,
pero no caían;
se mantenían erguidas
en el espacio.
Y todos corrían,
a la distancia,
para mirarlas complacidos.
Un sueño hermoso,
alentador.
El fulgor de las estrellas
llenaba de alegría
y entusiasmo
todos los corazones
de los presentes.
Había sonrisas
en todos los rincones del orbe.
Las estrellas giraban
de una forma elíptica y hermosa;
sus fulgores eran extraordinarios,
y al girar,
esos colores prismáticos
irradiaban fuerza, pasión y ternura:
todos los sentimientos agrupados en uno.

De repente,
las personas empezaron a desaparecer,
como por arte de magia.
Yo miraba cómo se esfumaban
sobre la faz de la tierra.
Solo mis ojos quedaban allí,
divisando el panorama.
Suspiros…
Suspiros exhalaban.
No había llanto.
No había pesar.
No había dolor alguno.
Finalmente, las estrellas,
poco a poco,
se fueron haciendo más pequeñas.

Fueron subiendo,
subiendo, y subiendo al infinito.

Y entonces…
puertas doradas,
puertas doradas y fulgurantes
se abrían ante mis ojos.

Y sin embargo yo
Ya no podía avanzar.
Yo estaba ahí,
y por más que deseaba llegar,
Y abrirlas,

Caminar,
no podía hacerlo,
porque aquellos ya no estaban,
y porque aún yo me quedaba allá,
transmutada.
¿Y es que acaso había otra vida para mí?
¿Y es que acaso no era suficiente
el dolor y la soledad
en los que estaba sumida?
¿Por qué no podía seguir disfrutando
de la paz que irradiaban las estrellas?
¿Y qué hay para mí?
¿Qué hay para mí al final de este camino?
¿Qué va a ser de mí?
¿Puedes decírme?

En la noche de San Juan

En esa noche tan bella,
él me abrazaba y me decía:

Mi niña, ven aquí, así… agárrate de mí.
Tú eres mi niña, mi dulce niña.
Abrázate a mí, dame pasión, dame alegrías.

Y en la noche de San Juan, así me dijo:
Finalmente, eres mía.

Me abrazaba, me deseaba
con pasión desenfrenada.
Todo sería diferente,
su mirada en la mía.

Dos, tres, cuatro noches más…
Pero un día ya no estaba.

Lo buscaba, pero no lo encontraba.
Preguntaba…
y todos me decían:

Ese fulano tuyo huyó;
se fugó con tu tía.

Pelusa

~

Pelusa la tarde.
Pelusa el cansancio.
Pelusa su pelo.
Pelusa el sombrero.
Pelusa sus ojos.
Pelusa su cuerpo.

Y asi lo llamaban en el pueblo: Pelusa.
Era chele, catire,fulo, blanco, rubio, guapo, marinero,
Dueño de la tierra.
Era un pelusa enamorado del amor,de los rios,
Del pensamiento.

Al final de su vida,
se aparecio en mis sueños,
Y candorosamente, acercando sus labios a mi frente,
Me dio el mas dulce de los besos.

Despedida de un padre que santigua a su hija,
Una noche de invierno.

Soy gringo

Yo soy de aquí, aquí llegué.
Aquí pertenezco, de aquí soy.
Esta es mi casa.
Este es mi mundo.
Este es mi imperio.

Y a los que me critiquen… ¡qué importa!
Que se coman un huevo.

Aquí soy muy feliz;
aquí se abrieron mis alas a la libertad.
Aquí comí conejo delicioso,
en una salsa tailandesa robusta y audaz
que me sacudió por dentro.

De enero hasta febrero,
el tiempo en que decimos "Hola" al Año Nuevo,
es donde hay amor,
donde estoy contento.

Yo soy de aquí,
no me saquen de aquí;
allá no vuelvo.

No, ni me lo digan: yo soy de aquí.
Nadie coarta mi pensamiento.

Levanto mi alma en vuelo,
amo la libertad,
la fe del pensamiento
y el deseo de correr en las mañanas
para empezar de nuevo.

Una mañana alegre
y una noche de sueños y cansancio,
después de trabajar por largo tiempo
para traer sustento a mi hogar.

Y aun así…
le grito al mundo
con fuerza y alegría:
Yo de aquí no me muevo.

Hoy conocí el amor

Mi corazón rebosa de alegría.
Hoy conocí el amor;
los sentimientos más puros
brotaron de sus ojos.
Me miró y se quedó pegado,
electrocutado en el tiempo;
no despegaba su mirada de la mía
y me dijo:
Acércate a mí; hagámoslo de nuevo…

Y sus besos,
tan largos y tiernos,
con locura y deseo,
se plasmaron para siempre en el tiempo.
Así era su mirada,
así eran sus labios.

Y ahora me dice que han pasado siete años…
y yo siento que son un montón de pensamientos,
de besos,
de miradas,
de locuras,
de sueños.
Bendito Dios,
lo pusiste en mi camino.

Y yo aprendí de Ti,
porque mi corazón,
mi vida,
mis pensamientos
están en él.

Y de ninguna manera yo lo suelto.
Tengo al amor atado a mi cintura,
lleno de besos;
y de ninguna manera…
yo a él lo dejo.

Luis o Luisa

Luis… qué dulce, qué enamorado.
Te gustan los perfumes,
los lienzos,
las flores,
las amapolas.
Y te encantan las orquídeas
y el fulgor de los cerros;
la luna hermosa que brilla
y que dibujas como un queso de fuego.
Luis hermoso…
como una mujer en sus anhelos.
Luis… Luisito… Luisa.
Y me pregunto por qué,
por qué tuvo que cambiar tu destino,
tu fuego… ¿qué pasó?
Porque nadie me explica
ese deseo,
ese sentimiento
que cambió con el viento
y se colgó en un cerro.
Solo tu madre entendió tus deseos.
Y yo te acepto, Luis o Luisa,
como quieras ser:
Amigo…
Amigo eterno.

Colorín colorado

Y colorín colorado,
este cuento se ha acabado.

Cuéntame más, otro más.
Por favor, que aún no me duermo.

Y colorín colorado,
este cuento ya está terminado.

Por favor, dime más;
no ves que aún no entiendo
el final de tu cuento.

El amor de los abuelos es sempiterno.
Sobrepasa barreras.
Sobrepasa destierros.

Y es que lo siento aquí, en mi pecho.
Cuando estoy triste,
cuando mis ojos se nublan de llanto,
la siento…
la siento muy cerca de mí,
aquí en el pecho,
cuando dice:

Y colorín colorado,
este cuento se ha acabado.

Suspiros eternos

Mil suspiros con fuerzas contenidas,
un dolor agobiante,
un cielo gris
y millones de recuerdos
que se agolpan en mis sienes febriles.

Suspiros eternos
y largos silencios.

El aire me envuelve,
pero no lo siento.
Ya no lo respiro,
porque ya no quiero.

Agobiado el cuerpo,
y los pensamientos se agolpan
en mis sienes febriles.

Otra vez su voz,
otra vez sus ojos,
hostigándome con un fuego
de destellos en su mirada cruel.

Y de nuevo,
uno mis manos al cielo y digo:

"Ayúdame, Jesús,
 no te vayas de aquí.
 Ven a mi encuentro."

¿Por qué aparece ahora?
Ya es muy tarde;
ya no siento el deseo
 de correr a sus brazos,
 de decirle:
"Entiendo, no te preocupes más."

Y así te pierdo en la distancia…
 con un suspiro eterno.

Esa tan famosa: Caja China
(a Cuba)

Eran más de cuarenta
alrededor de ella.
Y todos la miraban,
y todos la custodiaban:

Niños hermosos,
hermosas hembras
de largas cabelleras,
alisadas con planchas;

y muy apuestos machos
de pelo en pecho.
Yo me arrimé a un árbol de mango
y desde allí miraba.

Era todo un espectáculo:
¡cuánta emoción,
cuánta alegría!

Estaban todos ahí,
frente a ella,
esperándola,
comentando,
cantando,
riendo,

imaginando un mundo mejor
al que algún día pudieran regresar,
retornar del destierro.

¿Será posible que haya libertad para nosotros algún día?
repetía el mayor, el más viejo.
¿Y qué vas a tomar? ¿Te preparo una sangría?
No todavía… déjame regodear mis pensamientos.
Y todos la miraban,
suspirando con hambre y sentimiento.

Me deslicé con calma
y, ahí, frente a ella,
la abrí con fuerza.

En ese momento,
los de pelo en pecho
me apartaron con firmeza,
y empezó aquel banquete ante mis ojos.
Ya es hora de comer, amigos.
Y la carne adobada
volaba por los aires.

Comimos como hormigas endiabladas,
y en menos de lo que canta un gallo,
señoras y señores…
no quedó nada.

Quien te convirtió en rata

~~~~~~~

Vamos…
¿Ves ese sillón?
Siéntate ahí, cerca de mí,
y cuéntame qué hiciste,
qué hiciste en tus vidas pasadas.

¿Qué pasó?
¿Acaso Dios te convirtió en rata?
Una horrorosa rata
que se arrastra,
que come las porquerías
más nauseabundas y frías.

¿Qué pasó contigo?
¿Qué hiciste?
¿Quién te convirtió en rata?

Has de morir en las garras de una trampa
o ardiendo con el poderoso veneno
que devora tu alma.

Rata inmunda, pobre rata…
porque hasta ellas merecen
una muerte santa.

La Alanjeña Amalia

Se desplazaba calurosa por las humeantes calles,
arenosas y empolvadas.

De la escuela a la casa,
ella sabía lo que tenía que hacer
cuando tiraba su bolsa desteñida
y descalzaba sus polvorientas sandalias.

Amalia se acercaba, secando su sudor,
y se plantaba al frente del pilón.
Y así le echaba ganas… muchas ganas.

Grano largo y libre de churú,
para comer con huevos fritos y tajadas,
en tierra de Urracá.

Cansancio y hambre
que solo la tierra chiricana
supo abrazar y besar,
abrigando las emociones más profundas
de la alanjeña Amalia.

Gruesos labios, blanca sonrisa,
celebraban los sueños más hondos
en su inquietante alma.

Tiempos de soledad

Y como un ave que remonta el vuelo,
volaste lejos… muy lejos.
Y me quedé sumida en la amargura,
en el quebranto.
¿Qué será de mi vida?
¿Qué será de mis sueños?
En soledad…
¿Quién me dará pasión
en las mañanas de invierno?
¿Y en las noches oscuras,
quién velará tu sueño?

Darien

Cuando quieras hablarme de aventuras,
asómate a las grandes ventanas de mis ojos.
Ellos se perderán en la espesura de páramos y ríos,
que te harán clamar al cielo de contento.

Soy darienita.
Este es mi mar, un mar de pensamientos
que se suben al barco,
que me eleva en sus aguas hasta lo más recóndito;
porque los manglares anuncian
que ya estamos muy cerca a Playa Muerto.

Déjame zambullirme en el Sambú
y coronarme con ramas de sus lianas.
Escuchar mil historias del laureado maestro,
el darienita universal:
José de la Cruz Herrera.

Vivir la paz de Yaviza,
el calor de Metetí,
caminar por sus senderos
turroneando ajonjolí.

Es el placer darienita más auténtico y campireño.
Pues no hay orgullo más grande
que sentirnos panameños.

Sobre la autora

Maureen King Bean es una maestra normalista, nacida en David, Chiriquí, Panamá. Emigró a Estados Unidos en 1984, donde ha trabajado en la enseñanza del español en los sistemas educativos de Atlanta, Bartow County y Miami-Dade County. Obtuvo una maestría en Lengua y Cultura Española en la Universidad de Salamanca, España.

Actualmente trabaja parte de su tiempo como profesora adjunta de español e instructora de inglés como segundo idioma en el Miami Dade College.

Publicó su primer libro de poemas, titulado *Dama de la esperanza*, con traducción al inglés por Annette Johnson.

También se destaca en la creación musical; *El ombligo del mundo* y *Ayúdenme a recordar*
son sus composiciones más recientes.

Maureen y su esposo, Martín E. Bean, residen en Miami, Florida.

www.ingramcontent.com/pod-product-compliance
Lightning Source LLC
Chambersburg PA
CBHW070030300426
43673CB00103B/89